Presidio House

Pacific Coast Slang for Brave Foreigners

Pacific Coast Edition

Presidio House LLC 2026

ISBN-13: 979-8-9951420-7-2

First Edition © 2026 Presidio House LLC

Disclaimer

This book is a non-fiction educational and cultural guide to authentic colloquial Colombian Spanish. It contains real slang expressions used in everyday speech across different regions of Colombia, including informal, vulgar, strong, or regionally specific language that may be considered offensive, crude, or inappropriate in formal settings. All content is presented solely for linguistic, cultural, and educational purposes to help readers understand and communicate more naturally with native speakers.

The author and publisher do not endorse or encourage the use of profane, vulgar, or disrespectful language. Reader discretion is advised, especially for younger audiences or in professional/educational environments.

Welcome from La Vecina

Mire... bienvenido. Soy la Vecina del Pacífico — la que te habla despacio porque aquí la vida no se corre. Se siente poco a poco, como la lluvia fina que cae sobre el río y la marimba que suena en la noche. Esta tierra tiene memoria, tiene raíces y tiene comunidad. Tú vas a aprender a saludar con respeto, a escuchar con atención y a entender que aquí cada palabra viene con historia — de familia, de lucha y de amor por la tierra. En este libro no vas a encontrar exageración. Vas a encontrar forma de vida. Léalo con calma. Repítalo con respeto. Y deja que la palabra te vaya mostrando el camino.

English Welcome

Look... welcome. I'm your Pacific Vecina — the one who speaks slowly because life here doesn't run. It is felt little by little, like the soft rain falling on the river and the marimba playing at night. This land carries memory, roots, and community. You're going to learn how to greet with respect, listen with attention, and understand that every word here comes with history — of family, struggle, and love for the land. In this book you won't find exaggeration. You'll find a way of life. Read it slowly. Repeat it with respect. And let the words show you the way.

How to Use This Book

Each entry is set up the same way so you can learn it calmly and let it settle in your heart, the way things are done here on the Pacific:

Phrase – the exact Pacific Coast expression you're going to use

Vecina – that's me explaining it in my quiet, rooted voice from the river and the rain

Meaning – the clear English sense and the real feeling behind it

Example – a real-life sentence as we actually say it in the communities

Translation – the natural English version so you understand the depth

Read it slowly. Repeat it with respect. Let the words find their time — here nothing is rushed, everything is felt. Little by little... you'll start to carry the rhythm of the Pacific.

Table of Contents

Saludos con Ritmo del Río
Greetings with the River's Rhythm
(Entries 1–10)

Aprobación con Calma Ancestral
Approval with Ancestral Calm
(Entries 11–20)

Emoción Profunda del Alma
Deep Emotions from the Soul
(Entries 21–30)

Comunidad y Vida Compartida
Community and Shared Life
(Entries 31–40)

Trabajo y Rebúsque con Raíz
Work and Hustle with Deep Roots
(Entries 41–50)

Carácter con Raíz y Corazón
Character with Roots and Heart
(Entries 51–60)

Estado del Alma en Paz
State of the Soul in Peace
(Entries 61–70)

Cultura y Memoria del Pacífico
Pacific Culture and Living Memory
(Entries 71–80)

Saludos con Ritmo del Río

Greetings with the River's Rhythm

(Entries 1–10)

Entry 1
¿Cómo amaneció, mi gente?
Vecina:
Aquí saludamos preguntando cómo amaneció el día porque cada mañana es una bendición callada que llega con el aliento del río — tú lo dices y la comunidad siente la memoria compartida de los que se levantaron antes del sol.
Meaning:
How did you wake up? (warm morning greeting)
Example:
¿Cómo amaneció, mi gente? ¿Todo en calma?
Translation:
How did you wake up? Everything calm?

Entry 2
¿Cómo va la cosa?
Vecina:
La vida aquí es un proceso lento, como el río que nunca corre pero siempre avanza — tú lo preguntas y la gente te cuenta cómo van sus días, sus campos o sus corazones.
Meaning:

How are things going?

Example:

¿Cómo va la cosa por allá?

Translation:

How are things going over there?

Entry 3

¿Todo tranquilo por ahí?

Vecina:

La tranquilidad es preciosa en el Pacífico — tú lo preguntas con suavidad y la respuesta llega con la misma calma, porque aquí la paz la cuidamos como las raíces debajo de los manglares.

Meaning:

Everything calm over there?

Example:

¿Todo tranquilo por ahí?

Translation: Everything calm over there?

Entry 4

¿Cómo sigue el día?

Vecina:

No preguntamos solo cómo empezó el día — preguntamos cómo sigue, porque cada hora lleva su propio peso y memoria — tú lo usas y la gente comparte la verdad callada de sus horas.

Meaning:

How is your day going?

Example:

¿Cómo sigue el día, pues?

Translation:

How is your day going?

Entry 5

¿Qué me cuenta, vea?

Vecina:

Aquí escuchamos más de lo que hablamos — tú lo preguntas con el corazón abierto y la respuesta llega despacio, como historias que lleva la corriente del río, porque cada palabra tiene su tiempo.

Meaning:

What can you tell me?

Example:

¿Qué me cuenta, vea?

Translation:

What can you tell me?

Entry 6

¿Cómo está el ánimo?

Vecina:

El ánimo importa mucho aquí — tú preguntas por el ánimo porque el corazón carga el peso del día, la lluvia y los recuerdos de los que caminaron antes que nosotros.

Meaning:

Meaning:

How's your spirit?

Example:

¿Cómo está el ánimo hoy?

Translation:
How's your spirit today?

Entry 7
¿Todo en paz?
Vecina:
La paz es lo primero que buscamos — tú lo preguntas bajito y la respuesta llega con el mismo respeto callado, porque aquí la paz es la base sobre la que se construye todo lo demás.
Meaning:
All in peace?
Example:
¿Todo en paz por allá?
Translation:
All in peace over there?

Entry 8
¿Cómo le ha ido?
Vecina:
Preguntamos con respeto porque cada persona carga su propia historia y su propia carga — tú lo usas y la respuesta llega medida, como el flujo lento del río que todo lo recuerda.
Meaning:
How have you been?
Example:
¿Cómo le ha ido estos días?
Translation:

How have you been these days?

Entry 9
¿Qué hay de nuevo?
Vecina:
No todo trae noticias, pero igual preguntamos con curiosidad suave — tú lo dices y la respuesta puede ser sencilla, porque aquí la vida se desenvuelve a su propio tiempo, como la marea.
Meaning:
What's new?
Example:
¿Qué hay de nuevo por acá?
Translation:
What's new around here?

Entry 10
¿Cómo camina la vida?
Vecina:
La vida aquí camina despacio pero nunca se detiene — tú preguntas cómo camina y la respuesta llega con la paciencia del río, porque en el Pacífico cada paso lleva memoria y sentido.
Meaning:
How is life going?
Example:
¿Cómo camina la vida?
Translation:
How is life going?

Aprobación con Calma Ancestral

Approval with Ancestral Calm

(Entries 11–20)

Entry 11
Está bien así
Vecina:
Cuando algo ya encaja como lo moldeó el río, lo dejamos así — tú lo dices y la gente a tu alrededor siente el respeto profundo que le damos a lo que los ancestros y la tierra ya hicieron bien.
Meaning:
That's fine as it is
Example:
Déjelo así, está bien así.
Translation:
Leave it like that—it's fine as it is.

Entry 12
Eso camina
Vecina:
Si algo avanza en su propio tiempo callado, "eso camina" es como decimos que está progresando — tú lo usas y la comunidad asiente porque confiamos en el flujo lento y firme de la vida aquí.

Meaning:
That works / it's moving forward
Example:
Con eso camina, no lo complique más.
Translation:
That works—don't overcomplicate it.

Entry 13
Hágale suave
Vecina:
Hazlo suave, sin apurar al río — tú lo dices y la persona se mueve con el mismo ritmo paciente que aprendimos de la marea y la lluvia.
Meaning:
Go ahead, but take it easy
Example:
Hágale suave, que eso sale bien.
Translation:
Take it easy—that will turn out fine.

Entry 14
Eso sirve
Vecina:
Si cumple su propósito y nos lleva adelante, sirve — tú lo dices y el círculo a tu alrededor siente la sabiduría práctica que traemos de generaciones trabajando con lo que la tierra da.
Meaning:
That works

Example:
Eso sirve, siga por ahí.
Translation:
That works—keep going.

Entry 15
Dele tranquilo
Vecina:
Siga tranquilo, sin presión — tú lo usas y la persona siente la paciencia ancestral que guardamos, como el río que nunca se fuerza.
Meaning:
Go ahead calmly
Example:
Dele tranquilo, no hay afán.
Translation:
Go ahead calmly—there's no rush.

Entry 16
Eso queda bien
Vecina:
Cuando algo se acomoda en armonía con la forma en que siempre se ha hecho aquí, "eso queda bien" es como lo reconocemos — tú lo dices y la comunidad siente el equilibrio callado.
Meaning:
That turns out well
Example:
Así como está, eso queda bien.

Translation:
As it is, that turns out well.

Entry 17
Va por buen camino
Vecina:
Cuando algo va por el camino correcto, aunque los pasos sean lentos, “va por buen camino” es como lo animamos — tú lo usas y la gente camina a tu lado con la misma fe firme.
Meaning:
It’s going the right way
Example:
Va por buen camino, siga así.
Translation:
It’s going the right way—keep it up.

Entry 18
Eso se puede hacer
Vecina:
Si se puede hacer con respeto y tiempo, se puede — tú lo dices y la comunidad empieza el trabajo con las mismas manos cuidadosas que plantan los manglares.
Meaning:
That can be done
Example:
Eso se puede hacer, toca organizarlo.
Translation:

That can be done—we just need to organize it.

Entry 19

Así está correcto

Vecina:

Cuando ya está correcto tal como está, "así está correcto" es como lo afirmamos — tú lo usas y el silencio que sigue lleva la sabiduría de los que vinieron antes.

Meaning:

That's correct as is

Example:

Revíselo, pero así está correcto.

Translation:

Check it, but it's correct as is.

Entry 20

Eso fluye

Vecina:

Cuando algo se mueve naturalmente sin forzar la corriente, "eso fluye" es como decimos que fluye — tú lo dices y el río mismo parece estar de acuerdo, llevando la memoria de cada generación.

Meaning:

That flows / works naturally

Example:

Déjelo así, eso fluye.

Translation:

Leave it like that—it flows naturally.

Emoción Profunda del Alma

Deep Emotions from the Soul

(Entries 21–30)

Entry 21
Estoy tranquilo, gracias a Dios
Vecina:
Aquí la tranquilidad nunca se da por sentada — tú lo dices después de un día largo en el río y la gente a tu alrededor asiente, porque cada momento de calma es una bendición callada que llega con la misma corriente que trae la lluvia.
Meaning:
I'm at peace, thank God
Example:
Estoy tranquilo, gracias a Dios.
Translation:
I'm at peace, thank God.

Entry 22
Me alegra eso
Vecina:
Cuando algo bueno le pasa a otro, la alegría se comparte como la pesca del día que alimenta a toda la comunidad — tú lo dices y el círculo siente el calor juntos, como siempre lo hemos hecho.

Meaning:
That makes me happy
Example:
Me alegra eso, de verdad.
Translation:
That makes me happy, truly.

Entry 23
Eso me da gusto
Vecina:
Cuando algo le agrada al corazón sin necesitar celebración ruidosa, “eso me da gusto” es como lo decimos suavemente — tú lo usas y la gente sonríe callada, porque aquí la satisfacción es profunda y lenta como el río mismo.
Meaning:
That pleases me
Example:
Eso me da gusto escucharlo.
Translation:
That pleases me to hear.

Entry 24
Eso pesa
Vecina:
Cuando algo duele o pesa en el espíritu, lo nombramos sin vergüenza — tú lo dices y la comunidad se sienta contigo en silencio, como nos hemos sentado juntos durante generaciones de lluvia y memoria.

Meaning:
That weighs on you / that hurts
Example:
Eso pesa, pero se sigue.
Translation:
That weighs on you, but you keep going.

Entry 25
Estoy pensativo
Vecina:
Cuando el corazón y la mente están dándole vueltas a algo despacio, "estoy pensativo" es como decimos que estamos reflexionando — tú lo usas y los mayores te dan tiempo, porque aquí los pensamientos pueden caminar a su propio paso.
Meaning:
I'm thoughtful / reflecting
Example:
Hoy estoy pensativo.
Translation:
I'm thoughtful today.

Entry 26
Eso no se siente bien
Vecina:
Cuando algo se siente mal en el pecho, lo nombramos sin vergüenza — tú lo dices y la gente a tu alrededor te escucha, porque aquí el cuerpo y el río hablan verdad cuando algo está desequilibr

Meaning:
That doesn't feel right
Example:
Eso no se siente bien.
Translation:
That doesn't feel right.

Entry 27
Eso duele, pero enseña
Vecina:
Las cosas difíciles duelen, pero enseñan — tú lo dices y el círculo asiente, porque el Pacífico le ha enseñado a cada generación que el dolor y la sabiduría a menudo viajan juntos en la misma corriente.
Meaning:
That hurts, but teaches
Example:
Eso duele, pero enseña.
Translation:
That hurts, but teaches.

Entry 28
Estoy agradecido
Vecina:
La gratitud aquí es callada y profunda, como las raíces que sostienen el manglar contra la marea — tú lo dices después de que se comparte la pesca y toda la comunidad siente la misma gratitud subir.
Meaning:

I'm grateful

Example:

Estoy agradecido por todo.

Translation:

I'm grateful for everything.

Entry 29

Eso me llena

Vecina:

Cuando algo llena el corazón sin necesitar más, "eso me llena" es como decimos que es suficiente — tú lo usas y la gente entiende que aquí la plenitud se mide por lo que el alma, no las manos, puede sostener.

Meaning:

That fulfills me

Example:

Eso me llena el corazón.

Translation:

That fills my heart.

Entry 30

Estoy en calma

Vecina:

Cuando el espíritu por fin descansa como el agua quieta después de la lluvia, "estoy en calma" es como decimos que estamos en paz — tú lo dices y la comunidad protege esa calma de la misma forma que protegemos los momentos callados del río.

Meaning:

I’m calm / at peace

Example:

Estoy en calma hoy.

Translation:

I’m calm today.

Comunidad y Vida Compartida

Community and Shared Life

(Entries 31–40)

Entry 31

Aquí nos conocemos todos

Vecina:

Aquí todo el mundo se conoce — tú lo sientes en el momento en que un niño te llama por tu nombre aunque acabes de llegar, porque el río ha llevado nuestras historias juntas durante generaciones y nadie camina solo.

Meaning:

Everyone knows each other here

Example:

Aquí nos conocemos todos.

Translation:

Everyone knows each other here.

Entry 32

Siempre aparece alguien

Vecina:

Nadie está nunca verdaderamente solo — tú lo ves cuando empieza a llover y llega la ayuda sin que nadie la pida, de la misma forma que la comunidad siempre ha aparecido como la marea que nunca olvida la orilla.

Meaning:
Someone always shows up
Example:
Tranquilo, siempre aparece alguien.
Translation:
Don't worry, someone always shows up.

Entry 33
Eso se hace entre todos
Vecina:
El trabajo pesado nunca lo carga una sola persona — tú lo oyes cuando todo el pueblo se junta a reparar un techo o a jalar las redes, porque aquí la carga se comparte como la pesca que alimenta cada casa.
Meaning:
That's done together
Example:
Eso se hace entre todos.
Translation:
That's done together.

Entry 34
Aquí se ayuda
Vecina:
La ayuda fluye natural aquí, sin que haya que pedirla dos veces — tú lo sientes cuando un vecino trae plátanos después de la tormenta, de la misma forma callada en que el río siempre ha alimentado las raíces de los manglares.
Meaning:

People help each other here

Example:

Aquí se ayuda sin problema.

Translation:

People help here without issue.

Entry 35

Eso se comparte

Vecina:

Lo que uno tiene, lo tienen todos — tú lo ves cuando una canasta de pescado pasa de casa en casa, porque en el Pacífico el río nos enseña que compartir es como la comunidad se mantiene viva.

Meaning:

That is shared

Example:

Eso se comparte con todos.

Translation:

That's shared with everyone.

Entry 36

Nadie se queda atrás

Vecina:

Nadie se queda atrás — tú lo oyes cuando se ayuda a los mayores a cruzar el camino enlodado o cuando se juntan los niños antes de la tormenta, porque la corriente de nuestra comunidad lleva cada alma.

Meaning:

No one gets left behind

Example:
Aquí nadie se queda atrás.
Translation:
No one gets left behind here.

Entry 37
Eso se cuida
Vecina:
Lo que importa se protege — tú lo sientes en la forma en que cuidamos las historias viejas, los niños y los manglares, porque aquí cuidar es el mismo acto callado que mantiene el río fluyendo para la próxima generación.
Meaning:
That is protected / taken care of
Example:
Eso se cuida bien.
Translation:
That is well taken care of.

Entry 38
Aquí se respeta
Vecina:
El respeto vive en cada palabra y en cada silencio — tú lo ves cuando los jóvenes esperan a que el mayor hable primero y cuando se le da su tiempo al río, porque aquí el respeto es la raíz que sostiene todo.
Meaning:
Respect is maintained here
Example:

Aquí se respeta.
Translation:
Respect is upheld here.

Entry 39
Eso se gana
Vecina:
La confianza y el respeto no se regalan — se ganan con el tiempo, como el crecimiento lento del manglar o la larga espera de la marea que trae los peces a casa.
Meaning:
That is earned
Example:
Eso se gana con tiempo.
Translation:
That is earned over time.

Entry 40
Aquí se vive distinto
Vecina:
La vida aquí se mueve a un ritmo diferente — ni mejor ni peor, simplemente el nuestro — tú lo sientes en la forma en que la lluvia y la marimba nos enseñan paciencia y el río nos recuerda que nunca estamos solos.
Meaning:
Life is different here
Example:
Aquí se vive distinto.

Translation:

Life is different here.

Trabajo y Rebúsque con Raíz

Work and Hustle with Deep Roots

(Entries 41–50)

Entry 41

Aquí se trabaja duro

Vecina:

Aquí el trabajo es duro pero se hace con dignidad — tú lo sientes cuando toda la comunidad se junta al amanecer para jalar las redes o limpiar el manglar, porque el río solo da a quienes lo encuentran con manos firmes.

Meaning:

People work hard here

Example:

Aquí se trabaja duro todos los días.

Translation:

People work hard here every day.

Entry 42

Eso se rebusca

Vecina:

Si no hay camino claro, nos inventamos uno — tú lo oyes cuando alguien tiene que improvisar con lo que dejó la marea, porque en el Pacífico nadie espera a la suerte, la salimos a encontrar a medio camino.

Meaning:

You find a way / hustle it

Example:

Eso se rebusca, tranquilo.

Translation:

You find a way, don't worry.

Entry 43

No está fácil, pero se puede

Vecina:

Nombramos la dificultad con honestidad, pero nunca decimos que no se puede — tú lo usas cuando la lluvia es fuerte y la lancha es pequeña, y la comunidad responde con la misma fe callada.

Meaning:

It's not easy, but it's possible

Example:

No está fácil, pero se puede.

Translation:

It's not easy, but it's possible.

Entry 44

Hay que meterle ganas

Vecina:

Hay que ponerle corazón y esfuerzo — tú lo oyes cuando la red se siente demasiado pesada o el día se siente demasiado largo, y los mayores asienten porque saben que el río recompensa a quienes le dan todo.

Meaning:

You have to put in effort

Example:
Hay que meterle ganas a eso.
Translation:
You have to put effort into that.

Entry 45
Eso se levanta poco a poco
Vecina:
Nada se construye en un solo día — tú lo dices mientras ves una casa nueva subir viga por viga, de la misma forma en que el manglar poco a poco reclama el barro y lo convierte en bosque.
Meaning:
That builds little by little
Example:
Eso se levanta poco a poco.
Translation:
That builds little by little.

Entry 46
Se hace lo que se puede
Vecina:
Hacemos lo que podemos con lo que el río nos da — tú lo usas después de una pesca modesta y la comunidad comparte lo poco que hay, porque aquí la abundancia se mide por cómo nos cuidamos unos a otros.
Meaning:
You do what you can
Example:

Se hace lo que se puede.
Translation:
You do what you can.

Entry 47
Eso da pa' seguir
Vecina:
Puede no ser mucho, pero alcanza para seguir — tú lo oyes cuando la cosecha es pequeña pero la familia igual come, y la gratitud callada en la voz te recuerda que sobrevivir ya es una bendición.
Meaning:
That's enough to keep going
Example:
Con eso da pa' seguir.
Translation:
That's enough to keep going.

Entry 48
Hay que resolver
Vecina:
No esperamos a que nos rescaten — tú lo dices cuando la lancha hace agua o el techo necesita arreglo, y la comunidad se junta porque en el Pacífico los problemas se resuelven juntos, nunca solos.
Meaning:
You have to figure it out
Example:
Hay que resolver eso hoy.

Translation:
We have to figure that out today.

Entry 49
Eso se lucha
Vecina:
Algunas cosas hay que lucharlas todos los días — tú lo usas viendo a una madre cargar agua o a un pescador remendar su red, y entiendes que aquí la supervivencia es un acto de amor.
Meaning:
That's fought for / worked for
Example:
Eso se lucha todos los días.
Translation:
That's fought for every day.

Entry 50
Aquí nadie se rinde
Vecina:
Nos caemos, pero nos levantamos otra vez — tú lo oyes después de que pasa la tormenta y el pueblo empieza a reconstruir, porque el Pacífico le ha enseñado a cada generación que el río siempre vuelve y nosotros también.
Meaning:
No one gives up here
Example:

Aquí nadie se rinde.

Translation:

No one gives up here.

Carácter con Raíz y Corazón

Character with Roots and Heart

(Entries 51–60)

Entry 51

Es buena gente

Vecina:

Cuando alguien lleva la bondad como el río lleva el agua al pueblo, "es buena gente" es como decimos que es buena gente — tú lo sientes en la forma en que comparten el último pescado sin que nadie se lo pida.

Meaning:

He/she is a good person

Example:

Él es buena gente, siempre está pendiente.

Translation:

He's a good person—always looking out for others.

Entry 52

Es firme

Vecina:

Cuando alguien se para firme como el manglar contra la marea, "es firme" es como decimos que no se dobla fácilmente — tú lo oyes cuando llega la tormenta y se mantiene arraigado en lo que cree.

Meaning:

Strong / firm character

Example:

Ella es firme en lo que cree.

Translation:

She's firm in what she believes.

Entry 53

Es de confianza

Vecina:

Cuando alguien se puede confiar con tu lancha, tu hijo o tu historia, "es de confianza" es como decimos que es de confianza — tú lo usas y la comunidad asiente porque aquí la confianza se gana como el crecimiento lento de las raíces.

Meaning:

Trustworthy

Example:

Déjeselo a él, es de confianza.

Translation:

Leave it with him—he's trustworthy.

Entry 54

Tiene paciencia

Vecina:

La paciencia aquí es fuerza que espera — tú lo dices cuando alguien se sienta con la red hasta que la marea cambie, y todo el mundo entiende que esperar es parte de vivir con el río.

Meaning:

Patient

Example:

Ella tiene paciencia con todo eso.

Translation:

She's patient with all of that.

Entry 55
Es callado, pero seguro
Vecina:

Cuando alguien habla poco pero actúa con certeza callada, "es callado, pero seguro" es como lo honramos — tú lo ves cuando reparan la lancha sin alarde y el trabajo queda bien hecho.

Meaning:

Quiet but confident

Example:

Él es callado, pero seguro.

Translation:

He's quiet, but confident.

Entry 56
Es luchador
Vecina:

Cuando alguien sigue adelante aunque la corriente vaya en contra, "es luchador" es como decimos que es un luchador — tú lo oyes después de la tormenta cuando el pueblo reconstruye junto.

Meaning:

A fighter / resilient

Example:

Ese muchacho es luchador.

Translation:

That young man is a fighter.

Entry 57

Tiene corazón

Vecina:

Cuando alguien da desde el corazón sin necesitar agradecimiento, "tiene corazón" es como decimos que tiene buen corazón — tú lo sientes cuando comparten el último plato de arroz con el hijo del vecino.

Meaning:

Kind-hearted

Example:

Ella tiene corazón, siempre ayuda.

Translation:

She has a kind heart—always helps.

Entry 58

Es derecho

Vecina:

Cuando alguien camina derecho y habla sin doble sentido, "es derecho" es como decimos que es honesto —

tú lo usas y la comunidad les confía sus historias y sus hijos.

Meaning:

Straightforward / honest

Example:

Él es derecho, habla claro.

Translation:

He's straightforward—speaks clearly.

Entry 59

Es constante

Vecina:

Cuando alguien sigue trabajando firme sin apuros ni paradas, "es constante" es como lo honramos — tú lo ves en la forma en que cuidan la misma fila de manglar todos los días hasta que crece fuerte.

Meaning:

Consistent

Example:

Ella es constante con su trabajo.

Translation:

She's consistent with her work.

Entry 60

Sabe vivir

Vecina:

Cuando alguien sabe vivir bien con lo que el río y la tierra dan, "sabe vivir" es el elogio más profundo — tú lo oyes cuando un mayor comparte su plato y su sabiduría con la misma mano abierta.

Meaning:

Knows how to live well

Example:

Ese señor sabe vivir.

Translation:

That man knows how to live well.

Estado del Alma en Paz

State of the Soul in Peace

(Entries 61–70)

Entry 61
Estoy en paz
Vecina:
Cuando el espíritu por fin descansa como el río después de la lluvia, "estoy en paz" es como decimos que estamos en paz — tú lo sientes cuando la marimba se calla y el único sonido que queda es el suave golpeteo del agua contra los manglares.
Meaning:
I'm at peace
Example:
Hoy estoy en paz.
Translation:
Today I'm at peace.

Entry 62
Estoy cansado, pero sigo
Vecina:
El cuerpo está cansado del trabajo del día, pero el corazón sigue caminando — tú lo dices después de jalar redes hasta el atardecer y la comunidad asiente, porque aquí

cargamos el cansancio y la esperanza en la misma corriente.
Meaning:
I'm tired but still going
Example:
Estoy cansado, pero sigo.
Translation:
I'm tired, but I keep going.

Entry 63
Estoy claro
Vecina:
Cuando el entendimiento se asienta como el limo después de la inundación, "estoy claro" es como decimos que el camino está claro en el corazón — tú lo usas calladamente y los mayores respetan el tiempo que le tomó al río mostrarte el camino.
Meaning:
I understand clearly
Example:
Estoy claro con eso.
Translation:
I understand that clearly.

Entry 64
Estoy dudando
Vecina:
Cuando el corazón todavía está pesando la corriente, "estoy dudando" es como admitimos que no estamos

seguros — tú lo dices y la comunidad te da tiempo, porque aquí las decisiones pueden flotar hasta que se sientan bien.

Meaning:

I'm unsure

Example:

Estoy dudando todavía.

Translation:

I'm still unsure.

Entry 65

Estoy tranquilo con eso

Vecina:

Cuando algo se sienta en paz en el alma, "estoy tranquilo con eso" es como decimos que estamos tranquilos — tú lo usas después de una larga charla junto al río y los demás sienten la misma calma bajar sobre el grupo.

Meaning:

I'm at ease with that

Example:

Estoy tranquilo con esa decisión.

Translation:

I'm at ease with that decision.

Entry 66

Estoy preocupado

Vecina:

Cuando algo pesa en el espíritu, lo nombramos sin vergüenza — tú lo dices y la comunidad se sienta contigo en silencio, de la misma forma en que se sientan cuando el río crece y todos miran juntos.

Meaning:

I'm worried

Example:

Estoy preocupado por eso.

Translation:

I'm worried about that.

Entry 67

Estoy firme

Vecina:

Cuando el corazón está firme como las raíces del manglar que aguantan contra la marea, "estoy firme" es como decimos que estamos resueltos — tú lo usas y los mayores reconocen la fuerza callada que se ha pasado de generación en generación.

Meaning:

I'm firm / resolved

Example:

Estoy firme en eso.

Translation:

I'm firm on that.

Entry 68

Estoy agradecido

Vecina:

La gratitud aquí es callada y profunda, como las raíces que sostienen la tierra — tú lo dices después de que se comparte la pesca y todo el pueblo siente la misma gratitud subir con la niebla de la mañana.

Meaning:

I'm grateful

Example:

Estoy agradecido con la vida.

Translation:

I'm grateful for life.

Entry 69

Estoy en lo mío

Vecina:

Cuando estás concentrado en tu propio camino y en el trabajo que el río te dio, "estoy en lo mío" es como decimos que estamos en nuestra propia corriente — tú lo usas y la comunidad te deja caminar sin interrumpir.

Meaning:

I'm focused

Example:

Estoy en lo mío ahora.

Translation:

I'm focused right now.

Entry 70

Estoy viviendo

Vecina:

No solo existiendo, sino viviendo de verdad — "estoy viviendo" es como decimos que estamos vivos en todo el sentido, sintiendo la lluvia, la marimba, las historias y las raíces bajo los pies.

Meaning:

I'm living (fully, genuinely)

Example:

Estoy viviendo cada día.

Translation:

I'm living each day.

Cultura y Memoria del Pacífico

Pacific Culture and Living Memory

(Entries 71–80)

Entry 71

Aquí la vida se siente

Vecina:

Aquí la vida se siente profundo, no se corre — tú lo entiendes la primera vez que la lluvia golpea el techo de zinc mientras la marimba suena a lo lejos, recordándote que cada respiración lleva la memoria de los que caminaron estos ríos antes que nosotros.

Meaning:

Life is deeply felt here

Example:

Aquí la vida se siente diferente.

Translation:

Life feels different here.

Entry 72

Eso viene de antes

Vecina:

Todo lo de hoy lleva el eco de ayer — tú lo oyes cuando un mayor cuenta una historia junto al fuego, y de repente el río se siente más viejo y más sabio que cualquier mapa.

Meaning:

That comes from the past

Example:
Eso viene de antes.
Translation:
That comes from before.

Entry 73
Aquí hay raíz
Vecina:
Aquí hay raíces profundas que nos sostienen aunque la marea intente llevarnos — tú lo sientes cuando alguien habla de la marimba de su abuela o del mismo camino que su familia ha caminado por generaciones.
Meaning:
There are deep roots here
Example:
Aquí hay raíz en todo.
Translation:
There are deep roots in everything here.

Entry 74
Eso se respeta
Vecina:
Algunas cosas no se tocan a la ligera — tú lo oyes cuando se cantan las canciones viejas o cuando se le da su tiempo al río, porque el respeto es el lenguaje callado que aprendimos de los ancestros.
Meaning:
That is respected
Example:

Eso se respeta siempre.

Translation:

That is always respected.

Entry 75

Aquí todo tiene su tiempo

Vecina:

Nada se apura en el Pacífico — tú lo aprendes viendo la marea esperar la luna correcta, y empiezas a moverte con el mismo ritmo paciente que el río le ha enseñado a cada generación.

Meaning:

Everything has its time

Example:

Aquí todo tiene su tiempo.

Translation:

Everything has its time here.

Entry 76

Eso se aprende viviendo

Vecina:

Algunas lecciones no se enseñan con palabras — tú lo entiendes la primera vez que ayudas a remendar una red después de la tormenta y sientes el conocimiento pasando de mano en mano, como siempre se ha hecho.

Meaning:

That is learned by living

Example:

Eso se aprende viviendo.

Translation:
That is learned by living.

Entry 77
Aquí se camina distinto
Vecina:
Aquí caminamos a un ritmo diferente — más profundo, más conectado con la tierra y el agua — tú lo notas en la forma en que la gente se mueve por los manglares y de repente tus propios pasos se ralentizan y escuchan.
Meaning:
Life moves differently here
Example:
Aquí se camina distinto.
Translation:
Life moves differently here.

Entry 78
Eso tiene historia
Vecina:
Nada aquí está vacío — cada camino, cada canción, cada cicatriz en la tierra lleva una historia — tú lo sientes cuando un mayor señala una curva del río y dice esas cuatro palabras calladas.
Meaning:
That has history
Example:
Eso tiene historia detrás.
Translation:

That has history behind it.

Entry 79
Aquí se resiste
Vecina:
Aquí resistimos con fuerza callada — tú lo ves en la forma en que el pueblo reconstruye después de la inundación y en la forma en que la marimba sigue sonando cuando la noche se siente más pesada.
Meaning:
People endure here
Example:
Aquí se resiste todo.
Translation:
People endure everything here.

Entry 80
Así se vive, vea
Vecina:
Así se vive — no perfecto, pero con verdad, con raíces y con el propio ritmo del río — tú lo oyes dicho bajito al final de un día largo y de repente sientes que perteneces a algo mucho más viejo que tú mismo.
Meaning:
This is how life is lived
Example:
Así se vive, vea.

Translation:

This is how life is lived.

Representative Glossary

(CS-08 – Pacific Flavor)

Amanecer
Vecina: More than waking up — it's the quiet moment when the river and the sky greet each other again, and you feel the new day arrive with the same patience the ancestors taught us.
Meaning: How the day begins (tied to spirit, weather, and rest)

Caminar
Vecina: Life here doesn't run — it walks, slowly and with memory, the way the river finds its path through the mangroves and the years.
Meaning: To walk / life's steady progression

Fluir
Vecina: To move naturally without forcing the current — you'll feel it when the marimba plays and the whole village breathes together, letting things unfold in their own time.
Meaning: To flow naturally / to move without force

Historia
Vecina: Every word, every path, every scar on the land carries a story — you'll hear it when an elder speaks and suddenly the river feels older than any map.
Meaning: History / living memory

Raíz
Vecina: The deep roots that hold us even when the tide tries to pull us away — you'll see it in the way we protect the old songs and the mangrove, because without roots we would drift.
Meaning: Deep roots / ancestral connection

Resistir
Vecina: To endure with quiet strength, the way the mangrove stands against the sea — you'll feel it when the village rebuilds after the flood and the marimba still plays at night.
Meaning: To endure / to resist and persist

Sentir
Vecina: To feel deeply, not just with the eyes but with the whole chest — you'll understand this when the rain falls on the tin roof and the heart answers before the mind does.
Meaning: To feel deeply / to sense with the soul

Discover the Collection

The 8-Volume Series

Here is the complete collection so you can continue exploring the many ways Colombians speak across the country:

CS-01 – Colombian Slang for Brave Foreigners (National)
CS-02 – Paisa Slang for Brave Foreigners
CS-03 – Rolo Slang for Brave Foreigners
CS-04 – Caleño Slang for Brave Foreigners
CS-05 – Cafetero Slang for Brave Foreigners
CS-06 – Costeño Slang for Brave Foreigners
CS-07 – Santandereano & Boyacense Slang for Brave Foreigners
CS-08 – Pacific Coast Slang for Brave Foreigners

Gracias a la gente del Pacífico que me enseñó a hablar despacio, a escuchar con el corazón y a vivir con raíces profundas. Aquí la vida no se corre, se siente. Gracias por las historias junto al río, por las marimbas que curan y por recordarme que en esta tierra cada palabra lleva memoria, cada abrazo lleva comunidad y cada día llega con la paciencia de la marea. ¡Esto es nuestro Pacífico!

www.ingramcontent.com/pod-product-compliance
Lightning Source LLC
LaVergne TN
LVHW011052110826
845149LV00015B/3473

* 9 7 9 8 9 9 5 1 4 2 0 7 2 *